Katrin Brinkamp

Achtsamkeitsübungen mit Felsi, der kleinen Schildkröte

Illustrationen: Sandra Lor-Zade

Bibliografische Information der Deutschen Bibliothek
Die Deutsche Bibliothek verzeichnet diese Publikation in der Deutschen Nationalbibliografie; detaillierte bibliografische Daten sind im Internet über http://dnb.dnb.de abrufbar.

1. Auflage, Kempen 2021

Lektorat: Hans-Jürgen van der Gieth, L100 Verlag
Umschlaggestaltung: Inside Grafik unter Verwendung der Illustration von Sandra Lor-Zade
Gestaltung: Inside Grafik
Illustrationen: Sandra Lor-Zade
Druck / Bindung: GrafikMediaProduktionsmanagement GmbH, D-Köln
Vertrieb: BVK Buch Verlag Kempen GmbH, www.buchverlagkempen.de
Printed in Europe

Best.-Nr.: L11, ISBN 978-3-947984-10-7

Für Felix und Janan

Inhaltsverzeichnis

Vorwort des Verlages

Achtsamkeit ist in Mode, sollte man denken, wenn man sich anschaut, wie viele Veröffentlichungen in den letzten Jahren den Markt überschwemmt haben. Ebenso groß ist die Zahl der Kurse, Trainings, Anleitungen, Ratgeber, Videos oder Handy-Apps ..., nicht alles davon immer seriös.

Dabei ist das Thema Achtsamkeit keinesfalls nur eine vorübergehende Modeerscheinung, sondern eine ernstzunehmende, wissenschaftlich fundierte Form der Selbstoptimierung bzw. Methode zur körperlichen und mentalen Steigerung des Wohlbefindens. Die Beschäftigung mit dem Thema Achtsamkeit ist oftmals Ausdruck eines tiefen Bedürfnisses vieler Menschen, mit ihrem Leben klarzukommen, Antworten zu finden auf die zahlreichen Herausforderungen des Alltags. Es ist die Angst, dass einem das Leben entgleitet, man nur noch irgendwie funktioniert und gar nicht mehr zu den wirklich wichtigen Dingen vordringt. Genau hier setzt die Beschäftigung mit der Achtsamkeit an. Die vielfältigen Trainings, Übungen, die Meditation ..., die in diesem Buch vorgestellt werden, sind dazu geeignet, Stress zu bewältigen, die innere Zufriedenheit zu steigern bzw. überhaupt erst herzustellen. Wesentliches Element eines Achtsamkeitstrainings ist das Bewusstsein, im Hier und Jetzt zu leben. Die Fokussierung auf den Augenblick ermöglicht es, ihn bewusst wahrzunehmen und ihn nicht zu bewerten. Hierbei hilft eine Grundübung des Achtsamkeitstrainings, die sich auf die Atmung konzentriert. Darüber hinaus bilden Meditationen einen wesentlichen Teil der Achtsamkeit. Auch Yoga-Übungen stehen im Spektrum des Trainings hoch im Kurs. Insgesamt ist die Konzentration – auch bei scheinbar belanglosen Dingen bzw. Tätigkeiten – auf das Wesentliche wichtig. Gegensätzlich zur Achtsamkeit stehen die gerade in unserem hektischen Alltagsleben zahlreich anzutreffenden Ablenkungen. Hierzu gehören zum Beispiel abschweifende Gedanken, die die Konzentration beeinflussen können, genauso wie das oftmalige gedankliche Verweilen in der Vergangenheit oder der Zukunft.

Wichtig bei der Achtsamkeit ist also die Aufmerksamkeit, die Konzentration auf die Gegenwart, auf den jeweiligen Moment. Oft ist es auch hilfreich, eine neue, eine andere Perspektive zu einer Sache, einem Thema, einer Herausforderung ... einzunehmen. Nun ist das Thema Achtsamkeit, sind Achtsamkeitsübungen, durchaus nicht nur eine Sache für Erwachsene. Nein, auch Kinder können von den positiven Wirkungen eines solchen Trainings profitieren. Hier setzt auch dieses Buch an, dessen Übungen auf Kinder ab einem Alter von ungefähr fünf Jahren zielt. Die Autorin hat als Achtsamkeits-Coach vielfältige Erfahrungen mit den jungen Teilnehmern gesammelt und wesentliche Inhalte ihrer Kurse in diesem Buch zusammengefasst. Wenn Sie planen, die eine oder andere Übung mit „Ihren“ Kindern (ob im privaten Rahmen, in Form von Kursen oder in erzieherischen Einrichtungen wie dem Kindergarten oder der Schule) zu realisieren, kommt es selbstverständlich immer darauf an, Ihre konkreten Ideen von den jeweiligen Menschen abhängig zu machen, die Sie vor sich haben. Wir als Verleger freuen uns, Ihnen ein Buch anbieten zu können, das das Thema Achtsamkeit gerade für Kinder in den Mittelpunkt stellt. Nun wünschen wir Ihnen und Ihren Kindern viel Freude mit diesem Buch und mit Felsi, der kleinen Schildkröte.

Hans-Jürgen van der Gieth und Ulli Potofski

PS. Auf der Seite 51 dieses Buches finden Sie konkrete Hinweise zu den Kursen.

Vorwort der Autorin

Liebe Leserinnen und Leser,

Ich freue mich, dass Sie sich Zeit nehmen möchten, um sich mit dem wichtigen Thema „Achtsamkeit“ zu beschäftigen. Mein Name ist Katrin Brinkamp, ich bin verheiratet und Mutter eines Sohnes. Wir sind wohnhaft am Niederrhein. Seit einigen Jahren bin ich zertifizierter Achtsamkeits-Coach.

Ich gebe Achtsamkeits-Kurse für Kinder und Erwachsene und führe Coachings durch. Bei meiner Tätigkeit geht es für die Teilnehmer vor allem darum, das Hier und Jetzt wieder zu spüren. Wie geht es mir jetzt gerade? Was sind meine Bedürfnisse? Wie kann ich mir tägliche Schaffens-Pausen einrichten und welche „Hilfsmittel“ unterstützen mich im Alltag?

Aus eigener Erfahrung weiß ich, wie durchgeplant häufig der Alltag ist. Die vielfältigen Aufgaben in der Familie, die beruflichen Herausforderungen – alles immer unter einen Hut zu bekommen, ist gar nicht so leicht. Umso wichtiger ist es, sich Freiräume zu verschaffen, die manchmal wenige Zeit intensiv zu nutzen.

Auch unsere Kinder sind heute vielfältigen Anforderungen unterworfen. Es ist also verständlich, dass auch bei ihnen ein Bedürfnis nach eigenen Freiräumen vorhanden ist. Hier hilft es ihnen ebenfalls, achtsam mit sich selbst (und natürlich auch den anderen) umzugehen.

So ist die Botschaft des Buches einerseits, Freiräume zu schaffen, Bedürfnisse wahrzunehmen und gemeinsame Zeit mit seinen Lieblingsmenschen zu verbringen. Andererseits geht es darum, zu erkennen und zu akzeptieren, dass jeder, so wie er ist, genau richtig ist. In unserer heutigen, oft sehr schnelllebigen Zeit, ist es wichtig, den gegenwärtigen Moment bewusst wahrzunehmen. Damit wir uns wieder mehr auf uns besinnen können, ist es hilfreich, Achtsamkeit zu erlernen und sie anschließend im Alltag zu praktizieren. Wird uns mal wieder etwas zu viel, gibt es Methoden, mit deren Unterstützung wir uns wieder auf uns fokussieren können.

Dieses Buch ist für „Kleine“ und „Große“ geschrieben worden. Es stellt den spielerischen Charakter in den Vordergrund. Dies wird natürlich durch die Figur, die kleine Schildkröte Felsi, in besonderer Weise unterstützt. So sind die Übungen vorwiegend für Kinder ab ca. fünf Jahren gedacht. Probieren Sie sich aus und schauen, was Sie gemeinsam mit Ihren kleinen Lieblingsmenschen in den Alltag integrieren können. Ich wünsche Ihnen ganz viel Freude dabei.

An dieser Stelle danke ich „meiner“ Illustratorin Sandra Lor-Zade ganz herzlich für die wunderschönen Illustrationen, die dem Buch Leben einhauchen und dem Leser sofort ein Lächeln ins Gesicht zaubern.

Ihre
Katrin Brinkamp

Hallo liebe Freunde,

ich bin Felsi, eine Schildkröte. Du kennst Schildkröten? Ja, wir sind die mit dem dicken Panzer. Der schützt uns vor Angreifern und natürlich auch vor Wind, Schnee, Sand und Hagel ... Weißt du überhaupt, dass wir Schildkröten eigentlich zwei Panzer haben? Ja, das stimmt, wir haben einen Rückenpanzer, den wir auf dem Rücken tragen (logisch: darum heißt er ja auch Rückenpanzer) und einen Bauchpanzer, den wir ...? Na ...? Natürlich, den wir am Bauch tragen. So sind wir von oben und unten, aber auch von hinten, total geschützt. Nur unser Kopf schaut vorne heraus. Aber wenn Gefahr droht, können wir ihn in unserem Panzer verstecken. Das ist echt toll!

Nun zu mir. Ich heiße also Felsi und bin eine Sie. Ja, du hast richtig gelesen (oder gehört): Ich bin weiblich. Also muss es heißen: die Felsi. Dabei bin ich nicht so groß wie ein richtiger Felsen. Nein, ich bin eher klein, kleiner als ein kleiner Hund. Ich lebe nicht alleine. Es gibt noch viele andere Tiere in meiner Nähe. So zum Beispiel Monix. Er ist ein Bär. Oder Simka, der Affe und Kali, die Biene. Wir haben immer viel Spaß miteinander. Aber manchmal wird es uns zu viel, dann wollen wir nur noch faul in der Ecke herumliegen oder am Strand im heißen Sand entspannen, gemütlich auf einer Wiese liegen ... – und nichts tun. Das möchtest du auch manchmal? Na wunderbar!

Und hier komme ich wieder ins Spiel, die kleine Schildkröte Felsi. Ich bin sozusagen die Fach„frau“ für Entspannung, für Ruhe, für sich Wohlfühlen. Wie soll das gehen?, fragst du dich. Ganz einfach! Mach einfach mit mir die Übungen in diesem Buch. Und du wirst sehen und spüren, wie es dir richtig gut geht, du dich einfach nur noch wohlfühlst. Aber nicht nur, um dich zu entspannen. Du schaust auch genau hin, was für dich in diesem Moment wichtig ist, was du wirklich möchtest, was dein Bedürfnis ist. Man nennt das Achtsamkeit, also achtsam mit sich selbst, aber auch mit anderen Menschen umzugehen. Damit du weißt und lernst, wie man das machen kann, zeige ich dir einige Übungen. Also, wenn du Lust hast ... – versuche es einmal!

Viel Spaß mit den Achtsamkeitsübungen mit mir, Felsi, der kleinen Schildkröte.

1. Einfach mal durchatmen

Setzt euch gemütlich und entspannt an euren gemeinsamen Lieblingsplatz. Mein Lieblingsplatz ist ein Felsen im Wasser, wo ich wunderbar von der Sonne angestrahlt werde. Einfach herrlich!

Schließt eure Augen und atmet tief ein und wieder aus. Wiederholt das, so oft ihr mögt.

>> Wo spürt ihr eure Atmung am intensivsten? <<

FELSIS TIPP

Konzentriert euch ganz auf eure Atmung. Diese Übung könnt ihr jederzeit durchführen, wenn ihr das Gefühl habt: Mir wird es zu viel. Dann nehmt ein paar bewusste Atemzüge.

2. Gefühle bewusst wahrnehmen

Bist du wütend oder verärgert?
Balle deine Hände zu Fäusten.
Spanne deine Fäuste und auch deine Gesichtsmuskeln kräftig an.
Zähle bis 5, löse deine Anspannung und atme aus.
Wiederhole dies, so oft du möchtest.

Bei mir sieht das so aus.

Bist du fröhlich und voller Freude?
Stelle dich vor einen Spiegel.
Lächle dir zu und schneide eine lustige Grimasse.

Schau mal, wie das bei mir aussieht.

Bist du traurig?
Umarme dich selbst. Schließe deine Augen, wenn du möchtest. Sage laut zu dir: „So wie ich bin, bin ich genau richtig."
Umarme im Anschluss einen lieben Menschen in deiner Familie und frage: „Tröstest du mich auch?"

Bist du glücklich?
Dann rufe laut „Hurra", klatsche in die Hände und stampfe auf den Boden.

So glücklich bin ich!

>> Wo und wie spürst du deine Gefühle? Wenn du dich zum Beispiel ärgerst, schlägt dein Herz dann schneller oder wird dein Gesicht rot? Sind deine Hände kalt oder warm? <<

FELSIS TIPP

Jedes Gefühl hat seinen Zweck und seine Bedeutung. Unterdrücke deine Gefühle nicht, sondern lasse sie zu. Mit der Zeit wirst du sie beschreiben und benennen können. Dann verstehst du genau, wie es dir gerade geht.

3. Yoga mit Felsi

Yoga macht Spaß!

Die Übungen sind gut für unseren Körper. Sie tun auch unserer Seele gut. Ich mache sie gerne draußen. Dann höre ich das Vogelgezwitscher und der Wind bläst mir ins Gesicht. Wo möchtest du es gerne ausprobieren?

Wir grüßen die Sonne

Setze dich in den Schneidersitz. Nimm deine Hände seitlich nach oben, bis sich deine Handflächen über deinem Kopf berühren. Lasse deine Handflächen sich weiterhin berühren. Nimm nun deine Hände herunter und halte sie vor dein Herz. Schließe deine Augen und atme tief ein und aus. Öffne deine Augen, winke und sage: „Hallo, liebe Sonne."

Gute Nacht, Mond

Setze dich in den Schneidersitz. Nimm deine rechte Hand vor dein Herz. Lege deine linke Hand auf deinen Brustkorb, sodass sich deine Arme kreuzen. Nimm beide Hände nach oben und bewege sie erst zur rechten und dann zur linken Seite. Während dieser Bewegung sagst du: „Gute Nacht, Mond.“ Dann nimmst du deine Hände gefaltet vor deinen Brustkorb.

Der Baum

Stelle dich hin und winkle ein Bein an. Nun lege einen Fuß seitlich auf dem Knie des anderen Beins ab. Nimm die Hände hoch über deinen Kopf, sodass sich deine beiden Handflächen berühren.

So geht es auch: Lasse beide Beine auf dem Boden stehen.

Der Schmetterling

Setze dich in den Schneidersitz. Umfasse deine Füße und wippe mit den Knien auf und ab.

Der Hund

Stelle dich hin und beuge deinen Oberkörper nach unten. Setze deine Hände auf den Boden. Stelle nun deine Hände und Füße so weit voneinander weg, dass du eine Dehnung spürst.

Schaue mal, wie Simka und ich das gemeinsam machen.

Schaue mal, wie Kali und ich das gemeinsam machen.

Schaue mal, wie Monix und ich das gemeinsam machen.

Die Brücke

Lege dich auf den Rücken.
Stelle deine Füße auf und hebe deinen Popo vom Boden ab.

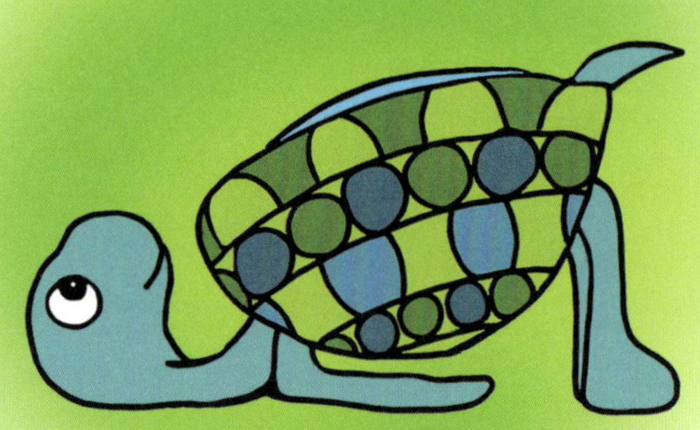

Die Schildkröte

Setze dich auf den Boden. Spreize die Beine und lege die Arme unter deinen Beinen oder Knien ab.

So geht es auch: Lege deine Arme auf deinen Beinen ab.

Der Bogen

Lege dich auf den Bauch. Ziehe deine Beine in Richtung Popo und umfasse mit deinen Händen deine Fußgelenke. Nun wippe auf und ab.

So geht es auch: Lege deine Hände auf deinem Popo ab.

>> Welche Übung macht dir Spaß? Welche Übung macht ihr gerne zu zweit? <<

4. Wie sehe ich für dich aus?

Hier siehst du mich farblos. Male mich bunt, male mich so, wie es dir gefällt. Du kannst diese Seite dann gerne aus dem Buch heraustrennen.

>> Hast du mich in deinen Lieblingsfarben ausgemalt? Oder ganz bunt? <<

5. Anspannung abschütteln

Wenn ich mal so richtig angespannt bin, schüttel ich mich gerne kräftig durch. So lockern sich meine Muskeln und die Energie kann viel besser fließen.
Suche dir einen „Wohlfühl"-Ort. Dies soll ein Ort sein, an dem du so sein kannst, wie du bist. Stell dich hin und beginne nun langsam, deinen Körper zu bewegen. Fang mit deinen Beinen an. Schüttel sie abwechselnd. Wackel mit deinem Popo. Bewege deine Arme. Nun ist dein ganzer Körper in Bewegung. Schüttel und zappel all deine Anspannung ab.

>> Welche Körperteile kannst du besser bewegen? Welche Körperteile lassen sich nicht so gut bewegen? <<

FELSIS TIPP

Höre ein Lied an, das du besonders magst. Hüpfe durch deinen „Wolfühl"-Ort und lasse all deine Anspannung los.

6. Felsis Körperreise

Lege dich hin und mache es dir gemütlich. Erinnerst du dich noch an die erste Übung, mal so richtig durchzuatmen? Genau! Damit fangen wir nun an.
Nimm deine Atmung ganz bewusst wahr. Atme tief ein und wieder aus. Und nochmal ein- und ausatmen. Wenn du möchtest, kannst du deine Augen schließen.
Nun nimm deine beiden Füße wahr. Bewege sie und wackel mit den Zehen. Wie fühlt sich das für dich an?
Lege deine Hände auf deinen Bauch und nimm seine Bewegung wahr. Spürst du eventuell auch etwas in deinem Bauch? Hörst du ein Geräusch? Beobachte deinen Bauch genau.

Und nun lege deine Hände auf deine beiden Ohren. Wie fühlt es sich an, wenn du sie zuhältst? Was hörst du? Massiere deine Ohren, indem du mit deinen Daumen und deinen Zeigefingern ganz vorsichtig an deinen Ohren entlang drückst. Wie fühlt es sich für dich an?
Atme noch zwei Mal tief ein und nimm nun deine Umgebung wieder bewusst wahr.

>> **Nimm gerne auch weitere Körperteile wahr. Wie fühlen sich zum Beispiel deine Hände an, wenn du sie bewegst? Oder dein Kopf, wenn du ihn vorsichtig drehst? Was fällt dir noch ein?** <<

FELSIS TIPP

Es ist in Ordnung, wenn das Kind die Übung nicht bis zum Ende durchführt. Es bedarf einer hohen Konzentration und Aufmerksamkeit. Loben Sie Ihr Kind, wie gut es die Übung gemacht hat. Lob ist Balsam für die Seele!

7. Yummie

Nimm dir eine Kleinigkeit zu essen. Wenn du möchtest, frage einen deiner Lieblingsmenschen, ob er diese Übung mit dir zusammen machen möchte.
Wenn es nach mir geht, würde ich mir jetzt ein saftiges, grünes Salatblättchen nehmen.
Betrachte nun mal etwas genauer, was du dir zu essen genommen hast. Wie sieht es aus? Welche Farbe hat es? Wie fühlt es sich an und wie riecht es? Lasse dir mit den Antworten ruhig Zeit und tausche dich gerne mit deinem Lieblingsmenschen aus.
Nimm nun von deinem Essen etwas in den Mund. Zerkaue es aber noch nicht.

Was schmeckst du, wenn du es vorne an deine Zungenspitze legst? Was schmeckst du, wenn dein Essen im mittleren Bereich der Zunge liegt? Was, wenn es sich auf dem hinteren Teil der Zunge befindet?
Je nachdem, wo dein Essen auf der Zunge liegt, schmeckt es unterschiedlich.
Nun zerkaue alles ganz langsam, bevor du es hinunterschluckst.

>> Stellst du einen Unterschied fest, wenn du zum Beispiel einen Apfel isst oder eine Banane oder eine Gurke? <<

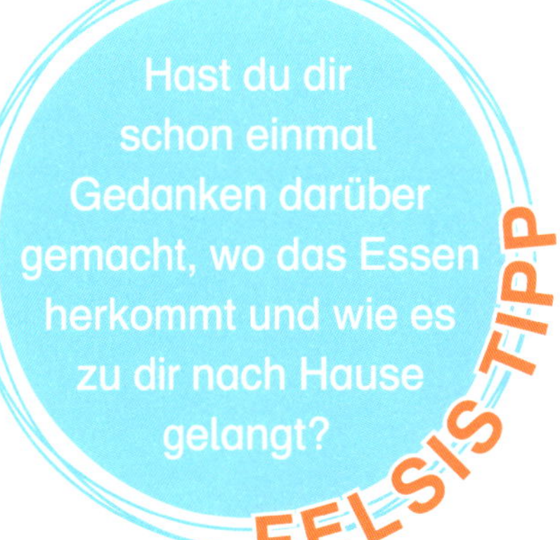

8. Ich erzähle dir eine Geschichte

Die Sonnenstrahlen scheinen durch mein Fenster und kitzeln meine Nase. Sofort rolle ich mich aus meinem Bett. (Kinder können hier auf dem Boden / Bett herumrollen.)

„Heute bin ich sehr fröhlich.“
(Stelle dich vor den Spiegel, grinse und schneide eine Grimasse.)

Ich gehe nach draußen, um die Sonne zu begrüßen. (Übung „Wir grüßen die Sonne“, S. 12.)

„Ich freue mich auf diesen Tag, denn heute kommen mich meine Freunde besuchen.“
Monix ist ein Bär, Kali eine Biene und Simka ein Affe. Wenn wir zusammen sind, ist es lustig und wir machen viel Quatsch miteinander. Ich bin die Entspannteste von uns Vieren.
So atme ich erst einmal tief ein und wieder aus.
Monix bringt uns immer zum Lachen. Vor allem mag er es, uns zu kitzeln.
(Kitzel dein Kind – oder die Kinder kitzeln sich gegenseitig.)

Kali summt gerne ein Lied und manchmal summt sie sogar ihren Namen.
(Summe K-A-L-I)

Und Simka hüpft gerne von einem Bein auf das andere. (Gerne nachmachen!)

Obwohl wir uns alle sehr unterscheiden, haben wir uns lieb und sind füreinander da.
Und das ist das, was zählt.
Was machst du gerne mit deinen Lieblingsmenschen?
Was habt ihr gemeinsam und was unterscheidet euch?

Mache dir klar: **JEDER IST GENAU RICHTIG, SO WIE ER IST!**
Du bist toll und wunderbar und eine Bereicherung.
Ich freue mich, dass du ein Teil meines Abenteuers bist.
Was möchtest du jetzt gerne unternehmen?

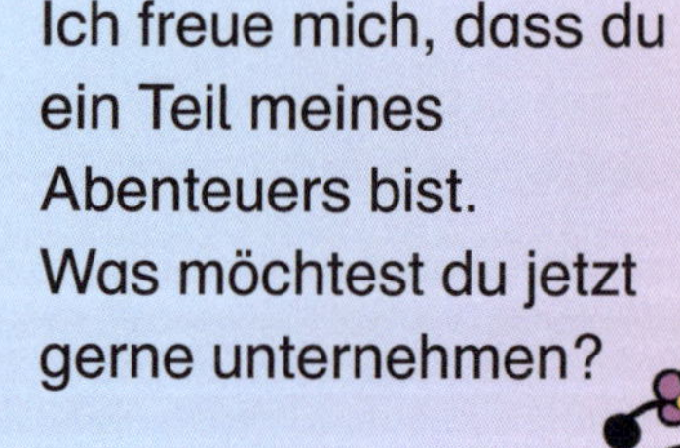

>> Hast du eine Idee, wie die Mitmach-Geschichte weitergehen könnte? <<

9. Kinderzimmer-Abenteuer

Manchmal vergesse ich, wie mein Lieblings-Felsen aussieht oder welche Farbe gerade das Meer hat. Dann nehme ich mir einen intensiven Augenblick Zeit und betrachte meine Umgebung. Dazu möchte ich auch dich einladen.

Wie sieht dein Kinderzimmer eigentlich genau aus? Welche Farben haben die Wände? Wie groß ist das Fenster? Wie fühlt sich die Zimmertür an? Welches Spielzeug befindet sich in deinem Kinderzimmer? Was siehst du, wenn du aus dem Fenster deines Zimmers schaust? Hörst du auch Geräusche?

Nimm dir Zeit dafür, all dies bewusst wahrzunehmen. Wenn ich meine Umgebung wieder genau unter die Lupe genommen habe, bin ich dankbar für alles, was ich habe, was ich sehen, hören und fühlen kann.

» Gibt es etwas, was du in deinem Kinderzimmer wieder entdeckt hast? Oder fehlt dir etwas? «

FELSIS TIPP

In unserem alltäglichen Leben ist so vieles selbstverständlich geworden. Es ist gut, sich dem bewusst zu werden, zu genießen und dankbar zu sein.

10. Ein Moment der Stille

Hörst du die ständigen Geräusche um dich herum? Bemerkst du die vielen Gedanken in deinem Kopf? Nein? Ja? Wie auch deine Antwort sein mag – so wie es ist, ist es völlig in Ordnung. Ich bin von Natur aus eine entspannte Schildkröte und genieße die Stille sehr. Am liebsten ziehe ich mich dann in meinen Panzer zurück.
Gehe nun an deinen Lieblingsplatz. Setze dich gemütlich hin. Versuche, ganz still zu sein. Das heißt, du redest nicht, du hörst keine Musik und du lässt dich nicht durch etwas anderes ablenken.

Probiere diese Übung für einen Moment aus, so lange wie du magst.
Ist es wirklich ganz still an deinem Lieblingsplatz? Nimmst du eventuell Geräusche wahr, zum Beispiel Stimmen von anderen Menschen, Tiergeräusche, den Wind? Denkst du gerade an etwas, beschäftigt dich etwas?

>> Wie hast du dich gefühlt, als du ganz still warst? <<

FELSIS TIPP

Still zu sein, ist gar nicht so einfach. Hast du es einen Augenblick geschafft, ist es ganz wunderbar. Versuche, die Übung gerne regelmäßig zu wiederholen. So weißt du genau, wie es dir geht und was dich gerade beschäftigt.

11. Eine kleine Fantasiereise

Jetzt heißt es, erst einmal entspannen und lauschen.

Stell dir vor, wie ich, Felsi, durch das Wasser gleite. Getragen von einer Welle, einer weiteren und noch vielen weiteren Wellen. Sie sind kräftig und beruhigend zugleich. Sie geben mir Ruhe und ich gleite immer weiter und weiter. Delfine springen vor mir aus dem Wasser, pfeifen und quieken – und freuen sich ganz doll. Ich grüße sie und gleite weiter und weiter, bis ich zu einem schönen Sandstrand gelange. Ganz langsam krieche ich aus dem Wasser. Ich schmecke intensiv den salzigen Geschmack des Meeres. Das macht mich glücklich. Nun suche ich mir ein schönes, schattiges Plätzchen unter einem großen Baum. Der Wind weht und ich beobachte die dunkelgrünen Blätter, wie sie sich hin- und herbewegen, hin und her und hin und her. Schließlich schlummere ich ein. Meine Atmung wird ruhiger und ruhiger. Mein Panzer wird ganz leicht, mein Kopf ist leer und meine Beine sind entspannt. Ich liege nur da und bin ganz ruhig. Ich höre das Rauschen des Meeres, was mich noch tiefer entspannen lässt. Auch die Blätter von dem großen Baum höre ich in der Ferne sanft rauschen. Sie geben mir noch mehr Ruhe. Ich bin völlig entspannt und ruhig.

>> Was hat dir an der Fantasiereise gefallen? Was ist dir in Erinnerung geblieben? Konntest du dich darauf einlassen? <<

12. Ich vertraue dir

Setzt euch erst einmal bequem hin, sodass ihr euch dabei anschaut. Seht euch in die Augen, lächelt euch zu und beobachtet euren Brustkorb, wie er sich hebt und senkt. Konzentriert euch lediglich auf den Brustkorb des Erwachsenen oder des Kindes gegenüber. Atmet tief ein und aus. Kommt nun etwas näher zusammen. Legt eine Hand auf euer Herz und nehmt mit der anderen die freie Hand eures Gegenübers. Schließt für einen Moment die Augen. Was spürt ihr? Vielleicht Wärme? Oder euren Herzschlag? Oder etwas ganz anderes? Egal, was ihr gerade wahrnehmen könnt, bewertet es nicht. Öffnet nun eure Augen und seht euch einander an. Lächelt euch zu. Und wenn ihr mögt, umarmt euch oder kuschelt ein bisschen. Möchtet ihr euch gegenseitig noch etwas erzählen?

>> Wie war es für euch, so einen intensiven Augenblick zu verbringen? <<

FELSIS TIPP

Lesen Sie die Übung gerne vorab einmal durch, sodass Sie eine ungefähre Vorstellung bekommen. Oder lassen Sie diese gerne von einer dritten Person vorlesen. So wie es für Sie am besten passt.

13. Krafttiere

Krafttiere sind unsere Weggefährten. Sie geben uns Kraft und Unterstützung. Ich habe dir verschiedene Krafttiere ausgesucht. Schau mal, welches dir besonders gut gefällt. Dein Krafttier kann sich auch täglich mit einem anderen abwechseln.
Je nachdem, wie es dir gerade geht und was du im Moment an Unterstützung und Kraft benötigst. Wenn ich mich zum Beispiel frei fühle, dann begleitet mich der Adler durch meinen Tag. Möchte ich hingegen die Stille genießen oder fühle mich unruhig, dann ist die Libelle meine Weggefährtin.

>> Gibt es ein Krafttier, das dir gut gefällt? Warum?
Gibt es eins, das dir nicht so gut gefällt - warum? <<

Jedes Krafttier steht für ein bestimmtes Gefühl:

Die Krafttier-Karten können herausgetrennt werden. Sie ermöglichen einen besonders spielerischen Charakter bei den Achtsamkeits-Übungen. Das Kind darf sie gerne mit sich führen und so kraftvoll durch seinen Tag gehen. Es kann täglich eine neue Karte wählen oder eine Karte über einen längeren Zeitraum mit sich führen. Es soll so sein, wie es sich für das Kind gut anfühlt und auch, was es gerade benötigt oder stärken möchte.

FELSIS TIPP

IGEL:
Meinen Selbstschutz annehmen
ADLER:
Meine Freiheit entdecken
ELEFANT:
Standfest sein und die eigene Meinung äußern
LIBELLE:
Ruhe und Stille genießen
KOLIBRI:
Eigenes Vertrauen ankurbeln
SCHMETTERLING:
Mit Leichtigkeit durch den Tag gehen

14. Flaschenpost

Guck mal, was ich bei meiner morgendlichen Schwimmrunde entdeckt habe: eine Flaschenpost! Es sieht so aus, als wäre darin eine Botschaft eingerollt. Kannst du sie herausnehmen?

Hallo Glückskind,

wie wunderbar, dass du meine Botschaft in deinen Händen hältst, denn ich habe dir Wichtiges mitzuteilen:

- *So wie du bist, bist du genau richtig!*
- *Geh mit viel Liebe, Dankbarkeit und Freude durch dein Leben!*
- *Nimm dir Zeit für alles, was du gerne machst!*
- *Lerne aus deinen Fehlern!*
- *Atme tief ein und aus!*
- *Nimm dir Zeit für dich!*
- *Lebe deine Gefühle!*
- *Vertraue deinem Bauchgefühl!*
- *Blicke nach vorne!*
- *Hab Spaß!*
- *Du bist wertvoll, einzigartig und wunderbar!*

Lies die Botschaften aufmerksam durch. Vielleicht hast du nun Lust, zu der einen oder anderen Botschaft etwas zu schreiben oder zu malen. Dann tu es! Was immer du möchtest! Wichtig ist, dass viele andere Kinder diese Botschaften erhalten. Hilfst du mir dabei, sie auch an andere Kinder weiter zu geben?

Liebste Grüße von einer uralten und weisen Schildkröte

>> Welchen Kindern möchtest du unbedingt von dieser Flaschenpost erzählen? <<

15. Sorgenhöhle

In meine persönliche Sorgenhöhle gehe ich, wenn mich etwas sehr beschäftigt, sodass ich kaum noch an etwas anderes denken kann. Ich möchte dich einladen, dir deine persönliche Sorgenhöhle zu gestalten. Hierhin kommst du, wenn dir etwas zu viel wird, du dich sorgst oder auch Ängste hast. Wie du das machen kannst, zeige ich dir jetzt.

Lege dich dafür auf den Boden oder auf das Sofa, ins Bett … Atme dreimal tief ein und aus. Konzentriere dich auf deine Atmung – und wenn du möchtest, schließe deine Augen. Stelle dir nun eine Höhle vor. Vielleicht hast du dir in deinem Kinderzimmer schon einmal eine Höhle gebaut. Oder du hast im Urlaub eine Höhle besichtigt. Vielleicht befindet sich deine Höhle in deiner Fantasie. Wähle einen Ort für deine Höhle, an den du immer wiederkommen kannst.
Wie sieht deine Höhle aus? Ist sie hell oder dunkel? Hat sie eine bestimmte Farbe? Ist sie trocken oder feucht? Denke daran, dass es sich um deine persönliche Sorgenhöhle handelt. Hier kannst du deine Sorgen und Ängste lassen. Lege sie an eine Stelle in deiner Sorgenhöhle. Vielleicht hängst du sie an eine Wand oder legst sie auf den Boden. Oder gibt es ein Geheimversteck? Sprich nun das, was dich belastet, leise aus und wähle dafür einen Platz in deiner persönlichen Sorgenhöhle.

Verweile hier noch einen Moment und schaue dir alles noch einmal genau an. Spüre auch, wie du dich immer mehr entspannen kannst. Sei dir bewusst, dass dies ein Ort ist, an den du jederzeit zurückkehren kannst.

Nun verabschiede dich langsam von deiner persönlichen Sorgenhöhle. Atme tief ein und aus und öffne deine Augen.

>> Hast du einen Ort für dich finden können? <<

Nehmen Sie sich Zeit für diese Übung. Möglicherweise dauert es etwas länger, bis sich das Kind auf diese Übung einlassen kann. Geben Sie ihm die Zeit, die es benötigt. Es wird möglich werden, dass das Kind seine persönliche Sorgenhöhle von alleine aufrufen kann. Bitte drängen Sie Ihr Kind nicht, dass es Ihnen seine Sorgen und Ängste erzählt. Wenn es soweit ist, wird es von selbst beginnen zu erzählen. Nehmen Sie auf jeden Fall seine Sorgen und Ängste ernst.

FELSIS TIPP

16. Glückstruhe

Es gibt so viele wundervolle Momente, die ich erlebt habe. Zum Beispiel, wenn ich Zeit mit meinen Freunden verbringe. Oder wenn ich einen leckeren Löwenzahn gegessen habe. Oder wenn ich mal wieder auf meinem Lieblings-Felsen in der Sonne gesessen habe. All diese tollen Momente bewahre ich in meiner persönlichen Glückstruhe auf. Sie geben mir Kraft und Freude – und machen mich dankbar.

Probiere es auch aus und erfreue dich immer wieder an deinen besonderen Momenten.

>> Was hast du heute Schönes erlebt? <<

Nutzen Sie gerne die beigefügte Bastelvorlage (S. 50) für die Glückstruhe. Oder erstellen Sie gemeinsam mit dem Kind eine individuelle Truhe. Das Kind kann dann all seine schönen Erlebnisse und Momente in der Glückstruhe aufbewahren. Alles, was dafür benötigt wird, sind Zettel und Stifte.

FELSIS TIPP

FELSi

17. Lieblingsort

Jeder von euch hat bestimmt einen Ort, wo er sich ganz besonders gerne aufhält. Einen solchen Ort habe ich auch. Er ist auf meinem Felsen mitten im Wasser. Oft gibt es den Lieblingsort auch in der Fantasie. Suche nun deinen Lieblingsort.

Lege dich gemütlich hin und schließe deine Augen. Konzentriere dich zuerst auf deine Atmung. Atme tief ein, nimm Energie auf, atme aus und lasse die überschüssige Energie heraus. Wiederhole dies einige Male.
Dann stelle dir die folgende Frage: Wo befindet sich mein Lieblingsort? Stelle ihn dir nun einmal genau vor. Siehst du das Meer – oder die Berge? Den Strand, den Park, den Garten? Oder dein Kinderzimmer? Wie sieht es an deinem Lieblingsort aus? Welche Farben erkennst du? Kannst du Geräusche wahrnehmen? Zum Beispiel das Rauschen des Meeres, das Rascheln der Blätter im Wind, Vogelgezwitscher? Lausche aufmerksam und nimm alles in dich auf, auch winzige Kleinigkeiten.
Langsam bist du an deinem Lieblingsort angekommen. Du kennst dich hier gut aus. Was möchtest du gerne machen? Wohin gehen deine Füße? Wie bewegst du dich? Bist du alleine oder begleitet dich jemand? Ist es eine Person oder ein Tier?

Du spürst, wie du dich entspannen kannst. Deine Atmung wird ruhiger. Genieße diesen Moment voller Ruhe und Frieden, der nur dir gehört.

Verabschiede dich nun von deinem Lieblingsort. Konzentriere dich wieder bewusst auf deine Atmung. Öffne ganz langsam deine Augen und nimm die Umgebung wieder wahr.

>> Hast du mehrere Lieblingsorte? Hast du einen einzigen? Ändert sich dein Lieblingsort? <<

FELSIS TIPP

Helfen Sie dem Kind mit den Fragen aus dem Text bei der Suche des Lieblingsortes.

18. Felsi-Zeit und Wir-Zeit

Es ist wichtig, dass sich jeder Zeit für sich nimmt. Genauso wichtig ist es, gemeinsame Zeit mit anderen zu verbringen. Vereinbart eure ganz persönliche Felsi-Zeit. Das heißt, in dieser Zeit darf jeder etwas für sich alleine machen. Ob das ein Spiel ist, ob du lesen, basteln, malen … oder einfach nur faulenzen und dich entspannen möchtest. Das entscheidet jeder für sich selbst. Wie lange darf die Felsi-Zeit dauern? Ertönt ein Geräusch am Ende der Felsi-Zeit?

Stimme alles vorher mit einem Erwachsenen ab, damit er weiß, wann die Felsi-Zeit beginnt und wann sie zu Ende ist.

Vereinbart auch eine Wir-Zeit. Unternehmt etwas gemeinsam, spielt ein Spiel, bastelt, gärtnert … In der Wir-Zeit ist es wichtig, dass das Handy weggelegt wird und dass ihr euch nur auf euch konzentriert.

Richtet euch regelmäßige Felsi-Zeiten und Wir-Zeiten ein. So könnt ihr noch mehr auf eure eigenen und die gemeinsamen Bedürfnisse eingehen und die Zeit intensiv nutzen.

Bringen Sie Routine in dieses Ritual. So können Sie Freiräume für jeden Einzelnen schaffen. Geben Sie dem Kind auch die Möglichkeit, Entscheidungen zu treffen, zum Beispiel bei der Festlegung der Felsi-Zeit. Bei der Wir-Zeit überlegen Sie sich gemeinsam, was sie machen wollen. Wenn Sie etwas nicht machen möchten oder das Kind nicht, ist das völlig in Ordnung. Es sollen keine einengenden Verpflichtungen entstehen.

FELSIS TIPP

>> Wie findest du es, Zeit für dich alleine zu haben? Wie ist es, wenn du mit deinen Lieblingsmenschen intensive Zeit verbringst? <<

19. Atem bewusst wahrnehmen

Unser Atem fließt von ganz alleine. Oft nehmen wir ihn gar nicht bewusst wahr. Ich mache diese Übung gerne mit meinem Freund Simka. Es ist spannend zu erfahren, wer seine Atmung wo am intensivsten wahrnimmt. Das kann auch mal von der Tagesform abhängig sein. Wenn ich zum Beispiel nervös bin, spüre ich meinen Atem vor allem im Brustkorb.
Ich zeige dir nun vier Teile deines Körpers. Teile deine Erfahrung gerne mit deinem Lieblingsmenschen.

Bevor wir beginnen, richte deinen Lieblingsplatz ein. Setze dich hin und konzentriere dich zuerst auf deine Atmung. Richte deine Aufmerksamkeit auf deine **Nasenflügel.** Spürst du kalte oder warme Luft? Fließt der Atem durch beide Nasenlöcher oder durch ein Nasenloch?

Konzentriere dich jetzt auf deinen **Hals.** Spürst du, wie dein Atem am Hals hoch und wieder runter fließt? Nimmst du etwas anderes wahr? Richte deine Aufmerksamkeit auf deinen **Brustkorb.** Kannst du unbeschwert atmen? Oder fühlt es sich eng an? Die letzte Körperregion ist der Bauch. Spüre mal, wie dein **Bauch** sich hebt und senkt. Kannst du ganz tief in deinen Bauch atmen? Versuche mal beim Einatmen deinen Bauch groß werden zu lassen. Beim Ausatmen zieht er sich zusammen.

Wo hast du deine Atmung am intensivsten gespürt? Bleibe hier noch ein paar Atemzüge, ehe du die Übung beendest und deine Atmung wieder normal fließen lässt.

>> Wie fühlen sich die vier Bereiche konkret für dich an? <<

20. Schultern lockern

Mir hilft es im Alltag, regelmäßig meine Schultern zu lockern. Zum einen sind meine Schultern häufig viel zu weit oben, und zum anderen weitet sich dann auch mein Brustkorb. Probiere es aus.

Stelle dich dazu hin. Deine Beine sind hüftbreit auseinander. Ziehe nun deine Schultern hoch bis zu deinen Ohren. Halte die Anspannung für einen Augenblick und lasse sie dann locker. Wiederhole dies ein paar Mal.

Danach legst du deine linke Hand auf dein linkes Schultergelenk und deine rechte Hand auf dein rechtes Schultergelenk. Beginne nun, mit deinen Schultern zu kreisen – erst nach vorne und dann nach hinten.

>> Wie fühlt es sich an, wenn du deine Schultern abwechselnd hochziehst? Oder wie fühlt es sich an, wenn du deine Arme seitlich nach oben führst? Spürst du einen Unterschied? <<

Wenn es stimmig ist, kann das auch bewusst mit der Atmung verbunden werden. Bei der Anspannung einatmen. Dann die Luft kurz einhalten und bei der Ausatmung die Anspannung lösen. Beim Schulterkreisen können die Arme auch entgegengesetzt gekreist werden. Also links kreist nach vorne und rechts nach hinten.

FELSIS TIPP

21. Symbole für Gefühle und Bedürfnisse

Manchmal fällt es mir nicht so leicht, meine Gefühle einzuordnen, sie zu benennen oder zu wissen, was gerade bei mir los ist. Aus diesem Grund habe ich mit meinen Freunden Symbole aufgemalt, die uns und unsere Familien im Alltag unterstützen.

Hunger-Peter:

Wenn ich sehr hungrig bin.

Wut-Zwerg:

Wenn ich sehr wütend bin, weil etwas nicht klappt oder ich meinen Willen nicht bekomme.

Angst-Männchen:

Wenn ich ängstlich bin, zum Beispiel wenn es dunkel ist oder ich mir etwas nicht zutraue.

Glücks-Pilz:

Wenn ich glücklich und zufrieden bin.

Quatsch-Nudel:

Wenn ich gerne mal Unsinn mache.

Genervte-Fliege:

Wenn ich wiederholt um etwas gebeten werde.
Wenn ich keine Lust habe, etwas zu machen.

Traurige-Marta:

Wenn ich nicht alleine sein möchte oder wenn mich jemand ärgert.

Fröhlicher-Fuchs:

Wenn ich viel lache und Spaß habe.

Dagegen-Frosch:

Wenn ich einfach nicht das machen möchte, was von mir gewünscht oder erwartet wird.

>> Welche Symbole können dir weiterhelfen? Welche Gefühle und Bedürfnisse möchtest du gerne noch ergänzen? <<

Wenn Ihnen wiederkehrende Verhaltensmuster auffallen, dann besprechen Sie diese auch gemeinsam mit Ihrem Kind und benennen Sie es. Es hilft auch, dass Sie selbst diese Symbole in Ihren Sprachgebrauch einführen und anwenden, wenn Sie in einer Situation sind, die Sie anstrengt. Zum Beispiel sind Sie genervt, weil Ihr Kind zum wiederholten Male seine Spielsachen nicht Wegräumen möchte. Dann sagen Sie Ihrem Kind: „Die Genervte-Fliege ist gerade bei mir. Weißt du vielleicht warum?“ Oder „Die Genervte-Fliege ist gerade bei mir, weil sie nicht versteht, warum ich deine Spielsachen wegräume.“ Durch diese Symbolik hat ihr Kind einen Bezug zu dem, was Sie gerade empfinden und Sie können auf dieser Ebene eine mögliche Konflikt-Situation lösen. Die Betonung liegt auf können. Es dient als Hilfestellung.

FELSIS TIPP

22. Mitgefühl-Decke

Egal, wie ich mich gerade fühle und wie ich meine Gefühle durchlebe – häufig hilft mir Mitgefühl für mich und für meine Mittiere. Daher liegt auf meinem Lieblings-Felsen eine Mitgefühl-Decke bereit. Ich lege sie mir um, sobald ich das Gefühl habe, dass ich sie brauche.
Gerne möchte ich euch dazu ermuntern, eine Mitgefühl-Decke für euch zu erschaffen. Jeder einzelne von euch. Legt sie euch um, haltet inne und sagt euch:

- Ich habe Verständnis für die aktuelle Situation!
- Es ist in Ordnung, so wie es gerade ist!
- Es ist in Ordnung, dass wir an unsere Grenzen gelangen!
- Es ist in Ordnung, nicht zu funktionieren!
- Es ist in Ordnung, um Unterstützung zu bitten!

Probiert es aus, tauscht euch aus und gesteht euch Mitgefühl für euch selbst und für eure Mitmenschen ein.

>> Was bedeutet Mitgefühl für dich? Wie kannst du dir Mitgefühl geben und wie kannst du es anderen geben? <<

FELSIS TIPP

Es ist in Ordnung, dass Sie Ihrem Kind die vorgenannten Sätze auch so mitteilen. Ihr Kind ist feinfühlig und wird Sie auf seine Art und Weise verstehen. Lassen Sie es zu. Ebenso ist es in Ordnung, dass ihr Kind seine Grenzen kennenlernt und um Unterstützung bittet (auf seine Art und Weise). Gestalten Sie gemeinsam eine Mitgefühl-Decke. Oder vielleicht haben Sie bereits etwas passendes in Ihren vier Wänden? Vielleicht zeichnen Sie es auch auf.

23. Wohlfühl-Geschichte

Weißt du, was ich besonders gerne mag? Wenn mir jemand eine Geschichte vorliest und einer meiner Lieblingsmenschen mich dabei massiert. Die Massage-Bewegungen finde ich angenehm und manche auch lustig. Lass auch du dich nun von dieser schönen Geschichte verwöhnen. Suche dir aus, ob du das im Sitzen oder Liegen machen möchtest. Nun ist es Zeit zu genießen.

Viele kleine Schildkröten laufen und laufen am Strand entlang
(mit Zeige- und Mittelfinger den Rücken hoch- und runtergehen).

Da schleichen
(den Rücken streicheln)
sich kleine Krebse heran und zwicken
(Daumen und Zeigefinger sanft zusammenziehen)
die Schildkröten.

Erschrocken
(mit den Händen leicht von den Rippen nach innen drücken)
zucken sie zusammen und laufen
(mit Zeige- und Mittelfinger den Rücken hoch- und runtergehen)
ins Wasser, um schnell wegzuschwimmen.
(Hände auf die Mitte des Rückens legen und nach außen wegstreichen.)

Unterwegs begegnet ihnen ein Wal.
Die Schildkröten dürfen es sich auf seinem Rücken bequem machen.
(Ellbogen auf den Rücken aufstellen und Arme nach vorne beugen.)

Der Wal schwimmt
(Hände auf die Mitte des Rückens legen und nach außen wegstreichen)
solange, bis er eine Insel entdeckt.

Hier setzt er die Schildkröten am Strand ab
und sie laufen
(mit Zeige- und Mittelfinger den Rücken
hoch- und runtergehen)
auf die Insel.

Plötzlich beginnt ein kräftiger Regenschauer
(mit den Daumen auf dem Rücken drücken).
Es folgen viele Blitze
(mit allen Fingern auf dem Rücken hüpfen).

Da laufen
(mit Zeige- und Mittelfinger den Rücken
hoch- und runtergehen)
die Schildkröten in eine Höhle.

Sie kuscheln sich eng aneinander
(„normal" massieren),
wärmen sich gegenseitig und ruhen sich
nach dem Abenteuer etwas aus
(S-Bewegung auf dem Rücken).

>> Welche Massage-Bewegung war angenehm für dich? Gab es auch eine, die etwas unangenehm war? <<

24. Bin ich wirklich anders?

Wenn ich unterwegs bin, treffe ich auf viele verschiedene und interessante Tiere. Hier möchte ich dir fünf Tiere mit ihren ganz besonderen Geschichten vorstellen.

Die Spinne Salo

Eine Spinne hat normalerweise acht Beine. Salo ist mit sieben Beinen geboren worden. Was anfangs hinderlich erschien, ist für Salo zur Gewohnheit geworden. Dank der Unterstützung ihrer Familie ist sie gut zurechtgekommen. Andere Spinnen finden Salo großartig, denn sie lacht viel, sie kann gut klettern und sie spinnt sehr schöne Spinnennetze.

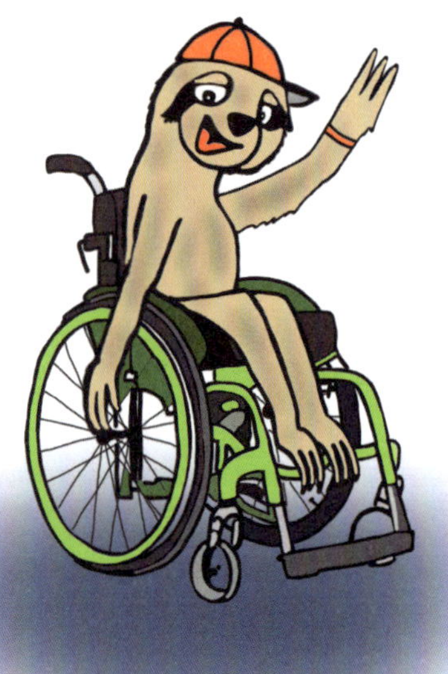

Das Faultier Fauli

Fauli ist beim Klettern vom Baum gefallen und sitzt seither im Rollstuhl. Seine Beine kann er nicht mehr bewegen und es war eine große Umstellung für ihn, so eingeschränkt zu sein. Es gibt Tiere, die mit ihren Pfoten auf ihn zeigen. Ein Faultier, das im Rollstuhl sitzt, sieht ungewöhnlich aus. Fauli hat mit den anderen offen über seinen Unfall gesprochen. So schätzen sie seinen Mut und seine Offenheit.

Das Alpaka Alpi

Seitdem Alpi ein Kleintier ist, benötigt sie eine große Brille. Ohne diese kann sie nämlich nicht so gut sehen. Es erleichtert ihren Tag und sie kann alles ohne Schwierigkeiten machen. Alpi trägt ihre Brille sehr gerne. Die anderen Alpaka freuen sich, dass Alpi ihre Brille mit Stolz trägt. Zudem ist sie sehr witzig und hört ihrer Familie aufmerksam zu.

Das Erdmännchen Erdi

Erdi hat, wie alle anderen Erdmännchen auch, eine Mama und einen Papa. Der Unterschied besteht darin, dass sein Papa eine dunkelbraune Fellfarbe hat. Die hat Erdi auch. In der Gegend, wo Erdi lebt, ist das eher selten. So schauen viele Tiere ihn neugierig an. Erdi hingegen sieht die anderen Tiere als ganz normal an. Denn die Fellfarbe ist für ihn nicht wichtig. Ihm ist wichtig, dass er unabhängig von der Fellfarbe jeden so akzeptiert, wie er ist. Das bewundern die anderen Tiere sehr.

Der Waschbär Fommi

Fommi ist mit seiner Familie vor kurzem in ein neues Land gezogen. Das war alles sehr aufregend. Die neue Sprache hat er bereits in seiner Heimat gelernt. Ganz sicher ist er noch nicht. Die anderen Waschbären verstehen ihn, bis auf einzelne Worte, gut. So unterscheidet er sich von den anderen eher nicht. Denn er rennt und tobt und spielt wie die anderen Waschbären.

>> Was fällt dir bei den Tieren auf? Ist etwas anders? Wie gehst du damit um? <<

Hier zählt: Ja, ich sehe eventuell anders aus als du oder ich spreche nicht einwandfrei deine Sprache, dennoch habe ich ebenso tolle Fähigkeiten. Darauf kommt es an. Wir helfen, unterstützen, hören zu. Wir gehen respektvoll miteinander um. Vielleicht haben Sie auch Beispiele in Ihrem direkten Umfeld. Tauschen Sie sich gerne mit Ihrem Kind darüber aus.

FELSIS TIPP

25. Gute-Nacht-Geschichte

Manchmal fällt es mir nicht so leicht, in den Schlaf zu finden. Dann kommt meine Bienen-Freundin Kali vorbei und liest mir eine Geschichte vor...

Familie Murmeltier hatte einen langen aufregenden Sommer. Der Herbst war etwas anstrengend, da sie ihren Bau murmelkuschelig machen mussten für den Winter. Und nicht zu vergessen all die Leckereien, die sie sammelten.

Mama Bella fragte Papa Lenz und die Kinder Max und Tom, ob sie auch wirklich alles in der Höhle hätten. Denn ab morgen würden sie die Höhle für lange Zeit nicht mehr verlassen.

Plötzlich schrie Max auf und sagte: „Mein Lieblingsast aus Süßholz ist noch draußen. Ich weiß aber nicht wo! Ich habe mich so darauf gefreut, im Winter darauf herum zu kauen."

Papa Lenz sagte liebevoll: „Dann wollen wir uns mal auf die Suche machen."

Alle halfen mit. Gemeinsam tapsten sie noch einmal am Seeufer entlang. Dann durchstöberten sie jeden blattlosen Strauch und fragten alle Waldtiere, denen sie begegneten. Doch der Ast war nirgends zu finden. Max war sehr traurig.

Als sie wieder zur Höhle kamen, lag der Süßholzast DIREKT vor dem Eingang.

Ein Zettel war daran befestigt. Er war von Max und Toms bestem Freund, der Schildkröte Schilda. Es stand darauf: „Lieber Max, ich habe deinen Lieblingsast zufällig gefunden und dachte mir, dass du ihn gerne für deinen Winterschlaf hättest. Deshalb habe ich ihn dir hierher gelegt. Ich wünsche euch schöne Träume und freue mich auf den Frühling mit euch. In Liebe Schilda.“

Alle freuten sich riesig und beschlossen, Schilda im Frühling zum Murmeltiertag einzuladen. Max wurde es ganz warm ums Herz – denn was gab es Besseres als wahre Freunde?

Dann endlich verschlossen sie die Höhlentür und legten sich seeeehr müde in ihre gemütlichen Kuschelbettchen. Sie deckten sich zu, fielen in einen tiefen Schlaf und träumten Murmelträume. Max umklammerte dabei liebevoll seinen Süßholzast, an dem er im Schlaf genüsslich knabberte.

>> Was könnten das für Murmelträume sein? <<

Bastelbogen

Hier kannst du deine eigene Glückstruhe basteln.

Du brauchst: • eine Schablone • farbiges Tonpapier • Kleber, Schere, Buntstifte …, Dekomaterial (nach Wunsch)

So geht es:

- Kopiere die Vorlagen (S. 49 + 50) und schneide sie aus.
- Schneide auch die Knickkanten vorsichtig aus.
- Bemale / beschrifte den Deckel und / oder die Seitenteile der Schachtel nach deinen Wünschen.
- Falte die Seitenteile an den gestrichelten Linien.
- Knicke sie vorsichtig nach innen und klebe sie fest.

Nun kannst du in deine Glückstruhe alles das hineinlegen, was dir wichtig ist.

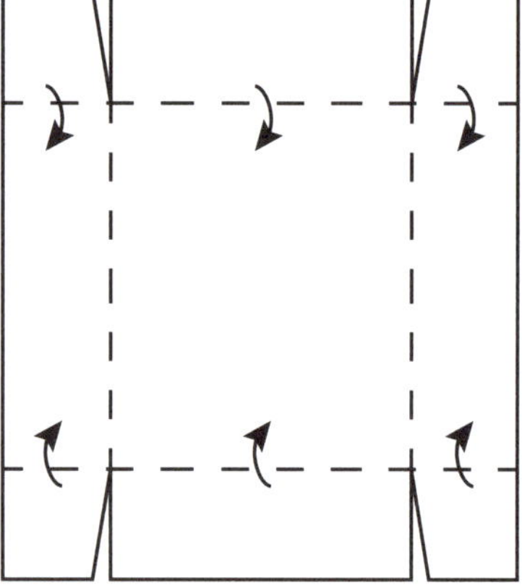

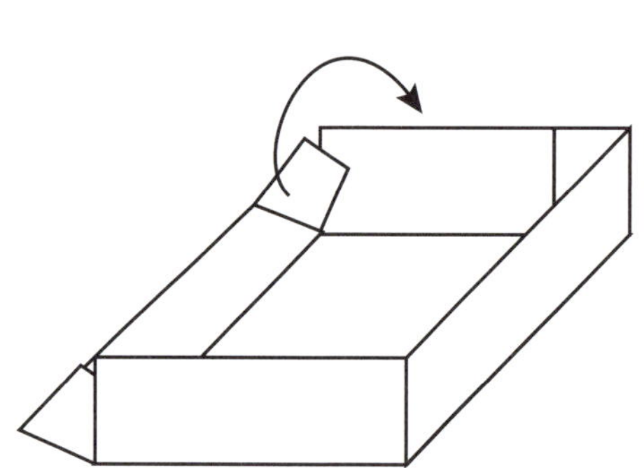

Boden

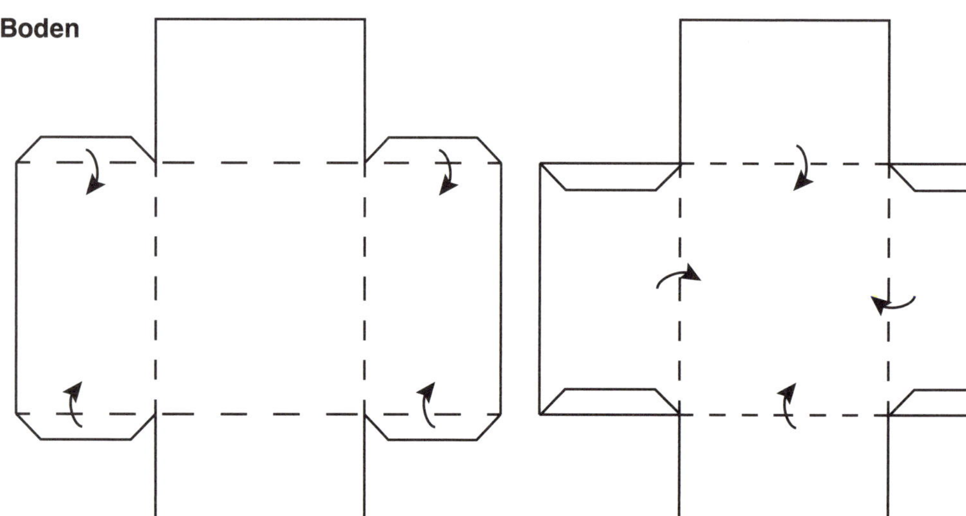

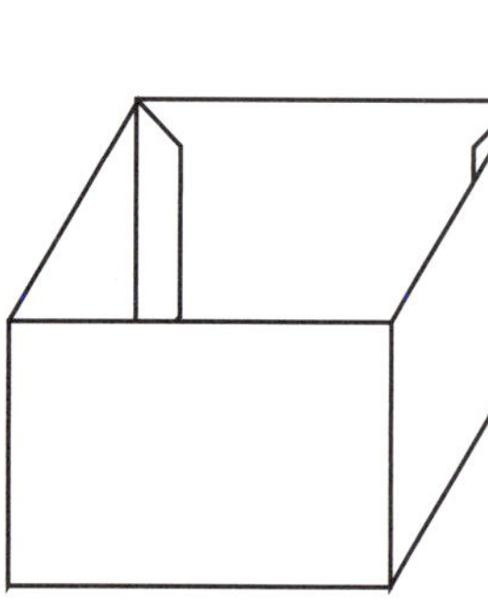

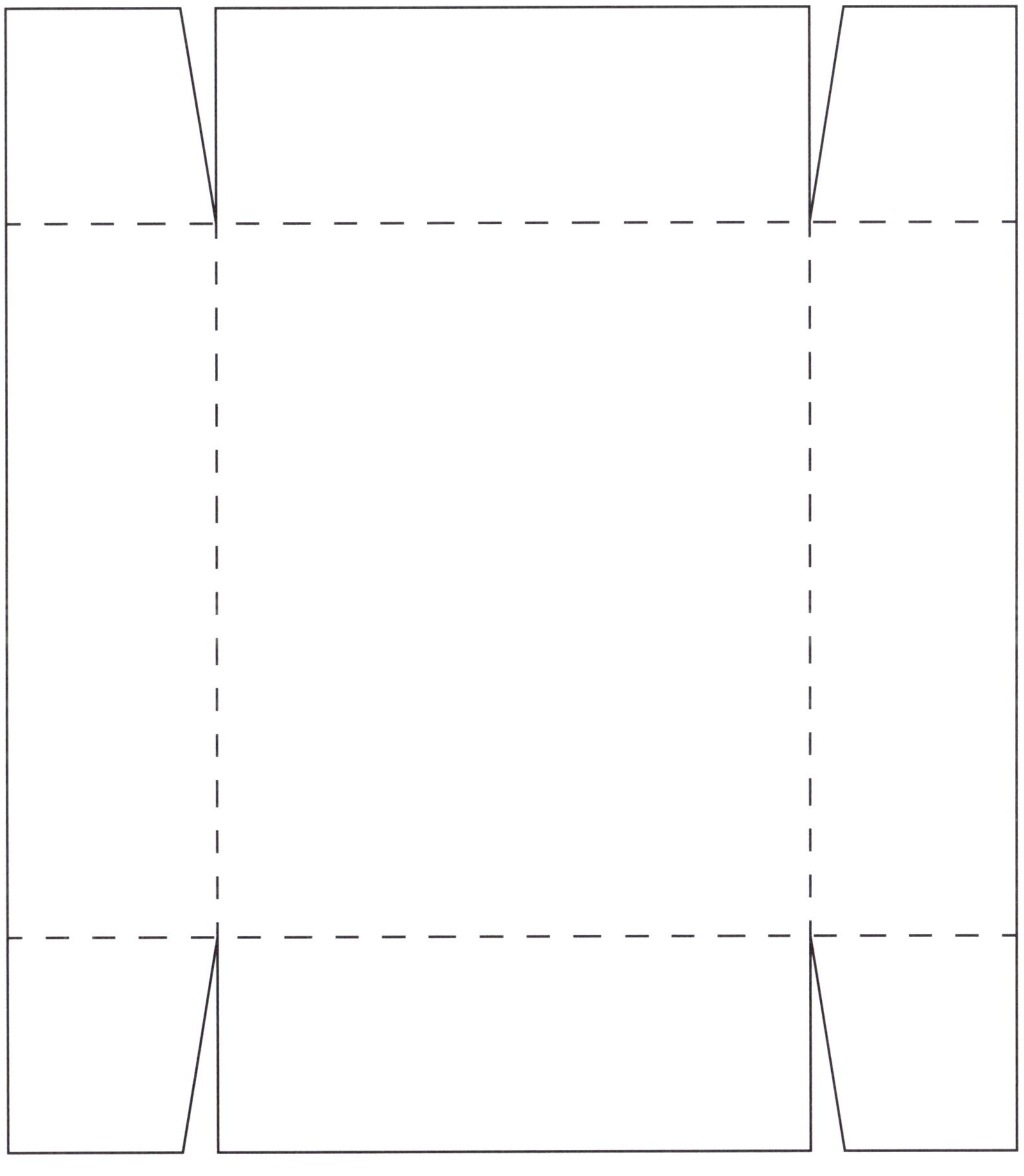

Boden

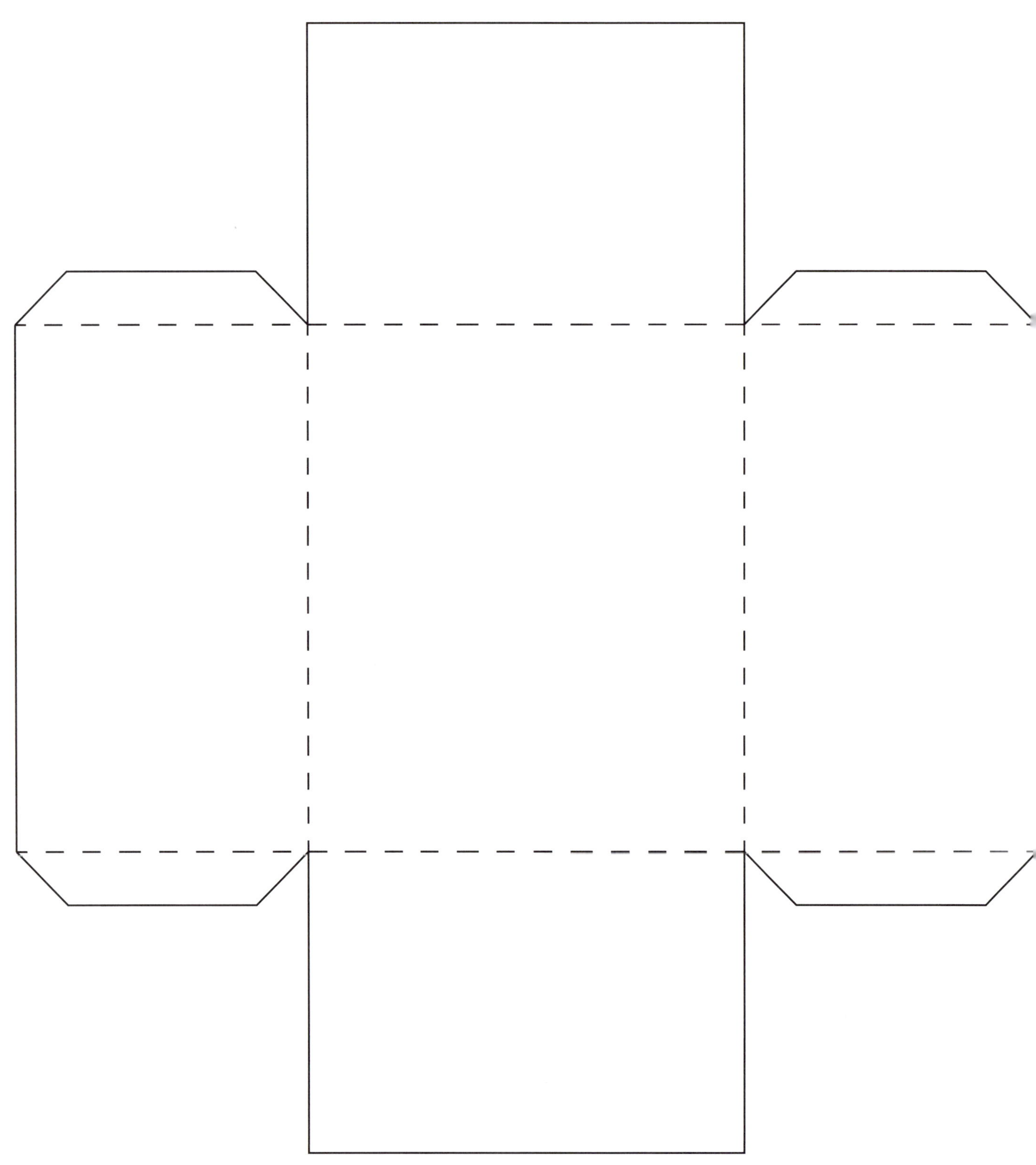

Achtsamkeits-Kurse für Kinder mit der kleinen Schildkröte Felsi

Seit Juni 2020 biete ich im Horstmannshof in Moers meine Felsi-Kurse für Kinder an. Sie finden mit mindestens drei und maximal acht Kindern im Alter zwischen fünf und neun Jahren statt. Von Beginn an war die Nachfrage da und der Bedarf offensichtlich hoch.

Wie sieht nun eine Kursstunde aus? Abwechslungsreich – und das, was ich mir vorgenommen habe, variiert sehr häufig. Der Beginn und das Ende sind immer gleich. Eine Kursstunde wird von einem zentralen Thema bestimmt. Das kann beispielsweise die Körperwahrnehmung sein. So machen wir gemeinsame Übungen dazu, bewegen uns, entdecken unsere Kreativität und entfalten unsere Ideen. Die Bezugspersonen (Eltern, Großeltern ...) sind von Beginn an eingebunden. Nach jeder Kursstunde erhalten sie eine E-Mail mit dem Inhalt der Kursstunde. Am Ende des gesamten Kurses wird den Kindern eine sogenannte Felsi-Mappe ausgehändigt. Hierin sind unter anderem weitere Übungen und Geschichten enthalten.

An diesen Kursen hängt mein Herz. Durch meinen Sohn ist mir bewusst geworden, wie wichtig es ist, dass Kinder ihre Bedürfnisse kennenlernen. Sie müssen sich frei entfalten dürfen, um so herauszufinden, was ihnen gut tut. Selbstverständlich ist es auch wichtig, dass sie ihre Grenzen kennen- und akzeptieren lernen. Wir dürfen sie nicht überlasten mit zu vielen Verpflichtungen und Terminen. Ihnen die Möglichkeit zu geben, etwas ausprobieren zu dürfen und nicht jede „freie" Stunde zu verplanen, ist elementar wichtig für die Entwicklung eines Kindes.

Das Wichtigste jedoch ist, dass wir unsere Kinder so annehmen wie sie sind. Dass sie genau richtig sind, wie sie sind – nämlich einzigartig.

Wenn auch Sie Interesse an dem Kurs für Ihr Kind haben, zögern Sie nicht, mich zu kontaktieren:

Katrin Brinkamp: www.bewusst-hier.de (info@bewusst-hier.de) oder www.horstmannshof.de oder auch über den Verlag L100 (info@L100verlag.de)

Das Angebot richtet sich auch an Kindergärten / Grundschulen / OGS / VGS / etc.

Der Kurs wird aktuell im Horstmannshof angeboten, andere Kursorte sind nach Rücksprache ebenfalls möglich.

Horstmannshof

Horstmannsweg 3, 47445 Moers

Bewegung und Entspannung in Wohlfühlatmosphäre – das ist der Horstmannshof. Hier haben sich selbstständige Hebammen, Yogalehrerinnen, Heilpraktikerinnen, Sporttherapeutinnen und Coaches zusammengefunden, um Menschen jeden Alters oder Geschlechts mit einem ganzheitlichen Konzept im Alltag zu begleiten.

Stefan Naas / Sandra Lor-Zade

Paul und Poppy

Phänomenalgalaktisches Abenteuer!

Paul lernt den Außerirdischen Poppy kennen. Schnell werden sie Freunde und der zottelige Besucher und Paul machen sich in Poppys Weltraumkugel auf eine unvergessliche Reise. Dabei lernt Paul viel Neues über die Erde und die Menschen ...

A4-Hardcover-Querformat
40 Seiten / 4-farbig
mit zahlreichen Illustrationen Best.-Nr.: L04
ISBN: 978-3-947984-03-9 / 12,95 €